Gerd Spiekermann wurde 1952 in Ovelgönne/Wesermarsch geboren. Er studierte Romanistik und Politologie in Marburg und Rennes (Frankreich), absolvierte sein Referendariat in Wilhelmshaven und leistete anschließend Zivildienst in einer Hamburger Werkstatt für psychisch Kranke. Gerd Spiekermann war von 1985 bis 2015 Redakteur für Niederdeutsch bei NDR 90,3 in Hamburg. Seit 1988 ist er regelmäßig in der NDR-Sendereihe „Hör mal `n beten to" zu hören. Eine Vielzahl seiner Geschichten und Erzählungen liegen in Büchern vor, und Live-Mitschnitte seiner Lesungen sind auf Hörbüchern zu finden. Für seine Erzählungen wurde er mehrfach mit literarischen Preisen ausgezeichnet.

Gerd Spiekermann

Wat'n Last mit de Wohrheit

Quickborn-Verlag

Die plattdeutsche Schreibweise des Autors
ist unverändert übernommen worden.

ISBN 978-3-87651-475-8

Umschlagfoto und Umschlaggestaltung: Günter Pump, Nordhastedt
Gesamtherstellung: CPI books GmbH, Leck
Der Umwelt zuliebe
auf chlorfrei gebleichtem Papier gedruckt
Printed in Germany

Inhalt

„Manchmal gleichen Erinnerungen einem schadhaften Dach, aus dem der Sturm der Jahre Ziegel gerissen hat. Man dichtet die Lücken mit Steinen, deren Tönung sich dem Material um die leeren Stellen anpasst. So sind dann die Erinnerungen nie mit dem identisch, was wirklich geschehen ist, sondern Erzählungen, die aus isolierten Momenten Zusammenhänge bilden."

(Klaus Modick, Klack)

Lustig is dat Rentnerleven

De Alldag

Jümmers wedder froogt mi Lüüd, wo ick mit dat Rentnerleven kloor komen do. Allerbest, denn ick heff mi up disse Tiet vörbereit. Jawoll. Ick heff ja, vör dat up Rente güng, een Reeg Böker leest as „Wenn der Wecker nicht mehr klingelt“, „Ruhestand für Einsteiger“ un „Handbuch für Rentner“. Överall steiht datsülvige in: soziale Kontakte, Gesundheit un geistige Anregungen, dor kümmt dat up an. Fangt wi mol mit de Gesundheit an: Ick sloop jeden Morgen bit Klock negen: herrlich gesund. Fröhstücken mit mien Fro: soziale Kontakte. Denn goht wi mit de Hunnen vör de Döör: Gesundheit dör Bewegung. Nohst koopt wi wat Godes för't Middageten in: Gesundheit. Un dorbi schäker ick ja geern mit de Fro an de Kass: soziale Kontakte. No't Eten rauht wi ut:

Gesundheit. Denn mööt de Hunnen wedder no buten: Gesundheit dör Bewegung. Nohst Tee drinken un Zeitung lesen: geistige Anregung. Twüschendöör telefoneern mit de Kinner: soziale Kontakte. Vör't Ovendbroteten Sodoku: Geistige Anregung. Nu ward de Disch deekt: Bewegung. Ganz in Roh eten: Gesundheit. Mien Fro frogen, wo ehr dat geiht: soziale Kontakte. Denn kümmt de Tagesschau: geistige Anregung, dor een Kööm to: Gesundheit, un mien Fro mookt de letzte Runn mit de Hunnen: Bewegung. Gegen halv twölf goht wi denn no'n Bett: ... So, nu weet ji, wo ick mit dat Rentnerleven kloor koom, un wenn ick vörher nich dootbliev, denn warr ick bestimmt so oolt as Johannes Heesters.

Dr. Plus un anner Plogen

As Rentner, heff ick meent, leep dat Leven wat eenfacher af. Nix! Jeden Dag krieg ick E-Mails, de ick fröher nich kregen heff. To'n

Bispill hett mi kortens de „Deutsche Treppenlift Beratung“ anschreven. Ick froog mi, wo weet de her, dat us Sloopkomer in’n eersten Stock liggt? Egol. Kostenpunkt rund 25 000 Euro, wiel use Trepp kurvig is. D.h. de geiht um de Eck. Un denn schrifft mi de Firma DokterPlus an: „Sorglos Reisen mit Arztbegleitung“. Wenn du to’n Bispill no Indien flüggst – kost so um de 2000 € för twee Weken – denn treckt de Dokter di de Kompressionsstrümp an. He seggt di, wenn du dien Tabletten innehmen schasst, d.h. wenn du dat nich henkriggst, dien Digitalklock umtostellen, un he hett natürlich wat dorbi, wenn du dat Eten nich verdrägen deist.

Nich bargen kann ick mi vör E-Mails von Sterbegeldversekerungen. De günstigste is een ut Hannover. Kost 50 Euro in de Monoot, un ick mööt blots annerthalv Johr töven. Denn kann ick dootblieven, meen ick. De annern kost fief Euro minner, dorför mööt ick overs noch dree Johr dörhooln.

Wi mookt dat nu so: Ick sluut een Sterbegeldversekerung af för mi Fro un mi – geiht von't Konto af. Dat schafft wi noch. De Reis no Indien loot wi us von de Kinner to'n neegsten Hochtietsdag schenken un för den Treppenlift nehm ick eenfach een lütte Hypothek up't Huus up. Un wenn wi denn de Reis no Indien nich överleven schullen, un us Kinner findt all de Papieren mit de Hypothek un de Sterbegeldversekerung, denn ward se seggen: Kiek mol, Gerd, de hett overs an allens dacht.

Hauptsook gesund

Ick goh ja egens nich geern no'n Dokter. Nich, dat ick bang bün, he findt wat. Mienen söcht so lang, bit he wat funnen hett. Overs wenn he denn anfangt un mi verkloorn will, wat ick heff, denn koom ick foken nich mehr mit. Bi mien letzten Scheckaf hett he lang söcht un toletzt een lütten roden Placken an een von mien Töhnen funnen un meent, dat weer een Oort Neurogastritis, wat woll dor an liggt, dat ick kien Laktroseintoleranz mehr heff. Viellicht bün ick nu up't Öller gegen bestimmte Soken unresistent, overs dat kunn he blots rutkriegen, wenn he mi upwendig mit Huusstoff aftesten deit. Wat? Ja, bi so een Test ward de Huut so lang mit Stoff un Grass un sowat keddelt, bit de Nees löppt, de Ogen root ward un du anfangst, di to kratzen oder een Stickhoostenanfall kiggst. Denn weet se: du büst algerisch. Nee, kümmt nich in de Tüüt. Ick ligg doch nich dree Weken in so'n neemoodsch Klapesius-Krankenhuus un loot mi quälen. Gifft't nich een annern Weg? Na ja, hett he seggt, viellicht hölpt dat ja al, wenn du dien Eten umstellen deist. Von nu an schall ick blots noch sowat to mi nehmen, wat garantiert klutenfree is. Klutenfree. Geiht klor. Ick kau nu allens ganz sinnig dör, denn warr ick de Kluten al to foten kriegen. Un wat den roden Placken up mien Töhn angeiht, äh, den heff ick al solang ick denken kann. Overs dat kunn ick den Dokter ja nich seggen, denn wat Huutkrankheiten angeiht, is he ja een Konifere.

Nix vergeten?

Kennt ji dat ook? Ovendbrootstiet, ick mook dat Köhlschapp up – un wat seh ick: de Botter is up. Un in’n gode Stünn koomt de Novers to Besöök. Kien Problem, gau rin in’t Auto un noch even Botter von’n Supermarkt hooln. No ’n halve Stunn koom ick retour – mit twee vulle Tüten: Spoonsche Wust un franzööschen Kees, rökert Lachs un rökert Forell, dree Soorten exotischen Soloot un twee Buddel Wien. Overs kien Botter! Vergeten! Oder dit: Ick roop Fründ Thomas an, will em seggen, dat wi dit Wekenenn doch nich up Besöök komen köönt, ook wenn dat fast afmookt weer. Een halve Stunn snack ick mit em – över mien tweie Auto, sien kaputte Bandschiev un usen slechten Sloop, overs nich över tokomen Wekenenn. Vergeten! Un denn de Höhepunkt: güstern goh ick in’n Keller un will ... ja, wat will ick dor egens? Wohrschienlich wat hooln. Blots wat, dat fallt nich mehr in. Bün ick eenfach bigohn un heff Schuuvloden uptrocken un Schappen dörwöhlt. Un ji glöövt ja nich, wat ick dor all wedderfunnen heff: mien Bodebüx, de ick mi kofft hefft, as wi up Malle weern – 2008. Een nogelnejen Taschenklenner – von 2011 un mien swatten Slips, denn ick extra för Unkel Heiner köfft heff, as de sturven is – dree Johr her. Mööt ick mi dor nu Sorgen um moken, dat ick so vergeten bün? Gegendeel! Nu weet ick: Novers blievt ook ohn Botter bit Middernacht, Thomas ward al marken, wenn wi nich koomt un dat Beste: Siet dree Johr bün ick up kien Beerdigung mehr ween. Mehr geiht nich!

Un nu mien Fro

Wenn dat dat eerste Mool ween weer, denn harr ick ja noch nix seggt. Kann passeern, harr ick viellicht seggt, mookt nix. Man middewiel heff ick den Indruck, dor stickt mehr achter. Un twors geiht dat um mien

Fro. Dat geiht dorum, wo mien Fro mit mi umgeiht. Dat füng vör twee Weken an. Wi weern bi't Inkopen, un ick harr so Lust up Rökerlachs. Heff ick ehr ook seggt. Man as wi in'n Huus weern un allens inrümen deen – wat fehl? De Rökerlachs! Hett se eenfach nich an dacht. Un dorbi harr ick ehr dat doch extra seggt. Vergohn Freedag keem't noch slimmer. Wi kemen ohn Beer von't Inkopen retour. Dorbi koopt wi doch jeden Freedag so'n Sixpack in. Ja, ja, dat stund nich up'n Zedel. Melk steiht ook nich up'n Zedel un ward ook nich vergeten. Muss ick noch mol los no de Tankstee. Over güstern Morgen keem't ganz dick. Up'n Zedel stunnen bobenan twee Dösen mit Hochtietssupp. De schull dat to Middag geven. Man as ick gegen halv een de Supp heet moken wull, weern de Dösen weg. Nich to finnen. Un de harrn wi inköfft. Dootseker. De ganze Köök heff ick afsöcht. Nix. Mussen wi Ravioli ut de Döös eten. Besten Dank. Hüüt Morgen heff ick de beiden Dösen mit de Hochtietssupp wedderfunnen

– in de Schuuvlood mit dat Kattenfoor! Dor kannst du seggen, wat du wullt, dat is kien Tofall. Un wat meenst du, wat mien Fro dorto seggt? Ick sülvst harr de Dösen mit de Hochtietssupp to dat Kattenfoor stellt, denn ick harr ja ditmol den Inkoop ganz alleen inrüümt. Nu seggt doch mol sülvst: Is dat nich gräsig, wenn een so vergeten ward?

Lögenkroom

Wenn ick dor över nodenkt, wat mien Öllern un Grootöllern mi in mien Kinnertiet allens för Lögen vertellt heff – dor mussen de vondogen noch för in't Kaschott. Twee Johr! Ohne Bewährung! Ick much ja as Kind al geern Semp eten un klor, ook mi hefft se de urole Geschicht updischt, dat Semp dumm moken deit. Dat mien Mudder ook up allens Semp kleiht hett, dor wurd nich över snackt. Ook mi hefft se wiesmookt, dat Spinat ja so gesund ween schall un di stark as Popeye, de Seemann moken deit, wiel dor ja Iesen in is. Allens Lögenkroom. Un denn dat Lesen. Ick weer ja verrückt no Jerry Cotton. För de Heften heff ick all mien Taschengeld hergeven. Dat wull mien Mudder over nich lieden. Vör all, wenn ick ovends noch mit de Taschenlamp ünner de Bettdeek wiederleest heff. Se hett mi mien Jerry Cotton wegnohmen un noch seggt: Dor kriggst du ganz selchte Ogen von. Heff ick dacht: In't Leven hest du de Wohl – dösig oder blind. Dor sünd wi ja Gottloff över weg. Sünnerlich mien Enkelsöhn, den kann een ja nix vörmoken. Acht Johr is he un hett al een Handy – mit Internet. Wenn ick em wat vertell, un he glöövt dat nich, denn googelt he dat. Mol heff ick em ook de Geschicht mit dat Iesen in'n Spinot vertellt. No twee Minuten wuss he't: Opa vertellt Tüünkroom. Denn güng dat um Zucker in Ketchup. Glieks hett he rutgoogelt, dat Waldi ook zuckerfreen Ketchup hett. Doch as ick em vertellt hefft, dat Kolumbus 1492 Amerika entdeckt hett, muss he, acht Johr, nich ook dor noch gegenan googeln un mi in't Gesicht seggen, dat de Wikingers al 500 Johr vor Kolumbus in de niege Welt ween sünd. Dor heff ick blots noch seggt: Kinner, de toveel mit ehr Handy hanteert, de kriegt loterhen all een Puckel.

Mit dat twede sühst du di

Ick heff kortens meist dör een Tofall een hoochgefährliche Sendetiet in't Fernsehn to foten kregen: Fief vör söven up't ZDF. Reklome! Dat totole Rentnerprogramm. De eerste Spot: Een Fro in de allerbesten Johren mookt Gymnastik mit een grönen Ball, se albert mit ehr Enkelkinner rum un an'n Ovend sitt denn tohuus vör ehrn Laptop – un weet ehr Passwoort nich mehr. Wat hölpt? Gingium. Gifft't so in de Aftheek. *Zu Risiken und Nebenwirkungen lesen Sie die Packungsbeilage und fragen Sie Ihren Arzt oder Apotheker.* Twee Pillen un di fallt dat Passwoort wedder in? Ick lach mi doot. De nächste Spot. Kinner willt no'n Speelplatz, doch se lamenteert: Mit Oma ward dat seker totol langwielig, denn Oma hett't ja jümmers so in't de Kneen. Man wat is los? Oma kann allens: Schaukeln, Springen un rüüscht sogor mit Hurra von de Rutsche dool. Wo dat von kümmt? Se smeert ehr olen Knoken ja nu mit Voltaren in. *Zu Risiken und Nebenwirkungen lesen Sie die Packungsbeilage und fragen Sie Ihren Arzt oder Apotheker.* Neje Kneen ohn Rezept? Willt de mi up'n Arm nehmen? Un denn speelt noch een Opa mit sien lütten Enkel Memory un hett een Riesenstopel Korten wunnen, dat Kind blots een Drüddel soveel. Nu geiht de Kamera up den Twillingsbroder von den Opa. De mookt grode Ogen: Mann, wo du di dat marken kannst. De anner lacht blots un treckt een Packung Ginkobil rut. Ook rezeptfree, is doch klor. *Zu Risiken und Nebenwirkungen lesen Sie die Packungsbeilage und fragen Sie Ihren Arzt oder*

Apotheker. Man do is mi endlich klor worrn, worum disse Snack komen mutt. Denn disse Pillen verännert ja totool den Charakter, un dat rezeptfree, denn wat is dat för een gräsigen Opa, de sien Enkelkind bi Memory nich winnen lett?

Ünnerwegens in Hamborg

Abschied ist ein scharfes Schwert

Jo, jo, ick weet, wenn een Mannslüüd von ehr Auto snacken höört, denn fallt een licht so Wöör in as „nich von disse Welt“, „plemplem“ oder „he will blots spelen“. Un ick weet ook, dat veel Keerls di twors seggen köönt, woveel KW ehr Sleden hett, woveel Sprit de in de Stadt bruken deit un woveel up de Autobohn, man wenn se di seggen schöölt, wecke Schohgrödde ehr Froons hefft, denn hett dor een Uul seten: Kien Ohnung. Socke Keerls sünd megagenant, geev ick to. Man wenn du no knapp teihn Johr de Nummernschiller von dien … von dien beste Kamrodin afschruven musst, denn geiht mi dat an’t Hart. Disse Kamrodin, de is mi över 150 000 Kilometer tro bleven is, de is mit mi dör Holland, Belgien un Frankriek fohrt, ohn to stuken, de hett mi sogor över de

Brüch bi Genua bröcht – veerteihn Doog vör de tosomenbroken is – de is ook mit mi ohn to mucken retour över de Alpen tuckert, de hett nich eenmol een Platten hadd un de is jümmers ansprungen, ook bi Snee un Ies. Un nu, up eenmol, is dat Getriebe hen. Dat Getriebe! As mi de Warksteedmeister dat vertellt hett, harr ick meist Tronen in de Ogen, jo, Tronen … denn dor stund ja al mien niege Auto, mien niege Kamrodin. 88 KW, 7,5 Liter up de Autobohn, een ganz lütt beten mehr in de Stadt. Een Smuckstück, segg ick jo. Kann ick mi nich an sattsehn.
De ole Koor ward ja hüüt nomiddag noch afhoolt. Schrottpresse. Is ook beter so. Parkplätze sünd ja knapp bi us in de Stroot.

Ick mook ja doch allens verkehrt

Bit nu heff ick dacht: so as du leven deist, is dat enigermoten in Reeg. Also Plastiktuten gifft dat egens bi us al lang nich mehr oder blots noch ole. Wi trennt ook den Müll, so goot as't geiht un mien Tüüg drääg ick egens so lang, bit't mien Fro seggt: Nu is't ook goot. Dat is overs nich genoog – seggt utgerekent mien grode Deern. Ick kunn veel mehr för de Umwelt un gegen den Klimawannel doon. To'n Bispill smitt se mi vör, dat ick veel to foken ook för korte Touren dör Hamborg in't Auto stieg. Goot, stimmt, versproken, ick fohr nu mehr mit'n Rad. Dat is overs ook verkehrt, denn ick heff ja een E-Bike. Gerd, wo kümmt de Stroom för den Akku her? Ut de Steekdöös. Pah! Nix pah, mien Deern! Dat heet to 40 % ut regenerative … Nich genoog, Gerd. Allens Ogenwischeree. Du mööẞt dorför sorgen, dat ut 40 binnenkort 80% ward. Vör all för diene Enkelkinner. De mööt doch een Tokunft hebben, de köönt di doch nich egool ween! Nee, natürlich nich. Un denn diene Fleeschfreteree. Nu höör mol to, mien Deern: Swienfleesch kümmt bi us al lang nich mehr up'n Disch. Wi eet vör all Puter un Fisch. Hah! Weeẞt du egens, wo dat up so'n groden Puterhoff utsüht? Un hest du een Ohnung, wo wiet de Fischerlüüd in de Noordsee al rutföhren mööt, dat du man dien Röhrei mit Krabben eten kannst? Is ja goot, is ja goot. Ick will ja ook geern wat bidrägen. Aha? Ja, ick will t. B. miene Co^2 -Bilanz düütlich verbetern. Gode Idee, seggt mien Deern. Du hest ja doch wat begrepen. Un dorum, mien Auto … O ja, dor wull ick ja just mi di över … dat verlehn ick von nu af an nich mehr!

Mien eerste Auto – echt cool!

Güstern harr ick meist een Unfall hadd. Ick weer so in Gedanken un dorbi um een hangen Hoor an'n Horner Kreisel een annern achtern rinföhrt. Mien grode Deern seet gegen mi un reep noch in'n letzten Momang: Stopp! Un denn kemen wi een halven Meter achter den Wogen to'n Stohn. Wat is dat denn för een gediegen Fohrtüüg, lach mien Dochder. Dat, mien Deern, is keen Fohrtüüg, dat is mien eerste Auto. Een echte Rarität, een Deux Chevaux von Citroën, een Oont, eine Ente. 16 PS, Revolverschaltung, 4 Liter up 100 Kilometer un von null up 80 in dree Minuten. Bargdool un den Wind von achtern broch so'n 2 CV dat ook al mol up 90. Dat Auto harr veer Dören un weer een Cabrio. Ja, boben weer een Rulldack up. In'n Sommer weer dat herrlich. Een Geföhl as Gunter Sachs in sien Karmann Ghia. So bün ick mit dien Mudder domols an de Côte d'Azur föhrt – mit us Tweemanntelt. Cool, sä mien Deern. Ja, echt cool sogor. Weeßt du, een Heizung harr dat Dings ja gor nich. In'n Winter hefft wi us een Mantel, Handschen un een Pudelmütz antrocken, anners weern wi verfroren. Overs wenn di een anner 2 CV in de Mööt keem, denn hefft wi us towunken: Moin, Moin. Mien Deern mook jümmers noch grode Ogen. Krass! Wullt du di nich wedder so een 2 CV toleggen, so as Oldtimer för de Sommertiet? Nee, lever nich, denn wenn ick dor in sitt, denn bün ick wedder in

Gedanken mit Mudder an de Côte d'Azur – un denn bo ick viellicht doch noch een Bums.

Taxifohrn

Taxifohren in Hamborg, dat hett wat. Un dat liggt dor an, dat von de 3500 Taxifohrers, de an de Alster, an de Elv un de Bill ünnerwegens sünd, rund 70 % utlännsche Wuddeln hefft. Migrationshintergrund heet dat ja nu. Dor kannst du ja wat mit beleven! Nich to seggen. Anner Week bün ick an'n Hauptbohnhoff in'n Taxi stegen, un de Fohrer keem ut Afriko. Klor, dat weer to sehn. Un as he wat seggen dee, wuss ick foors, de Mann kümmt ut Nigeria. Un dat heff ick em batz up'n Kopp toseggt: Se sünd ut Nigeria, heff ick recht? He keek mi mit grode Ogen an: Stimmt. Ick sä: Dat höör ick rut. Denn ick heff mol een goden Bekannten hadd, de keem ook ut Nigeria, un de hett just so snackt as Se. Nee! Doch.

Un disse Bekannte, de hett lange Johren hier in Hamborg leevt, up St. Pauli. Nee! Doch. Un de hett in'n Schippbo arbeit. Nee! Doch. Un nu leevt de wedder in sien Heimat, in Nigeria. Jo, dat stimmt! Wat? He lach luut up. Un disse Bekannte heet Paul? Jo, sä ick. Un de weer verheiroot mit Karin? Jo, sä ick. Un de hefft 1975 in den Linnenkroog von Lüttenbargen Hochtiet mookt? Jo. Tja, sä he, un ick weer dor mit bi. Nee! Doch! Ja, ick ook, sä ick! Nee! Doch! He fohr nu rechts ran un keek mi in de Ogen. Du heeßt Gerd un hest dor so'n lütten Snack mookt, up platt. Jo, un du heeßt Sonny un hest mit dien Frünnen Musik mookt, un ji hefft in jo'e afrikoonsche Tüüg danzt, dat us de Aten wegbleven is. Mannomann!

As wi bi mi tohuus ankemen, hefft wi us in'n Arm nohmen. Tja, Taxifohren in Hamborg, dor kannst du wat bi beleven.

Ünnerwegens in de Welt

Ole Bekannte – in de Pariser Métro

Mien Fro un ick wi weern ja kortens in Paris. Mannomann, hier dröppst du ja Minschen ut de ganze Welt. Haupttransportmiddel is ja de U-Bohn, de Pariser Métro. Métro-Fohren un Lüüd ankieken, dat is spannender as de beste Krimi. As wi mol wedder dör de Pariser Ünnerwelt bruust sünd, dor sä ick: Kiek mol, de dor, de mit den blauen Mantel, de süht doch jüst so ut as Nober Klaus. Ook jümmers so'n beten muulsch, bohrt sick ook stiekum in de Nees un tuckst ook so mit dat rechte Oog. Goot, disse Mann keem schient's ut China oder Japan. Overs anners: Original Klaus. Un dor, sä mien Fro, dor sitt doch dien Cousine Inge. Un jo: de Ogenupslag, de spitze Nees un de Oort un Wies, wo se jümmers an ehr Handtasch togang is, as wenn't Inge weer. Goot, disse Fro keem woll ut Afrika, overs anners: Inge. Un denn leep dor noch so'n lütten Jung dör den Waggon. Mien Fro sä: Kiek mol, kiek mol, Peter! Use Enkelsöhn. De Ogen, een to een, de Hoorsnitt ook, un dat he meist jümmers över sien egen Fööt fallt, as use Peter. Dorbi keem disse Jung bestimmt ut Indien oder Pakistan. Overs anners: Peter. As wi denn bi Notre Dame utstiegen wullen, tipps mi up mol een von achtern up de Schuller: Salut Michel. Ick dreih mi üm un keek in de Ogen von een öllerhaftigen Keerl. Oh, excusez-moi, Monsieur, sä he, ick dach, Se weern mien olen Kumpel Michel, mit den ick dree Johr in't Kaschott seten heff. Nix för ungoot. As ick al sä, de Pariser Métro, spannender as de beste Krimi.

Wenn François to Besöök kümmt

Kortens harr ick Besöök von François, mien olen Fründ ut Marseille. För em is dat ja jümmers de gröttste Freid, wenn ick em een echt düütsch Ovendbroot vörsetten do. In Frankriek eet se ovends ja geern warm, doch he steiht mehr up use Oort – mit Broot, Wust un Kees. Un dorum harr ick echt düütsche Leckereen för us inköfft. Vörweg geev’t as Aperitif een Beer – Guinness ut Irland, dat mag he an’n leevsten. Santé! Doro knabbern wi een poor solten Eerdnööt to – ut Peru in Südamerika. Denn güng‘t overs ran an’n Ovendbrootsdisch. Hier stund allens, wat mien Gast so geern mag. Klor, dat geev kien Baguette, nix, düütsch Swattbroot – von usen polnischen Bäcker um de Eck. Tomoten harr ick inköfft, de kemen ut Holland. Wunnerboren Schinken – ut Parma in Italien. François mag ook geern scharpe Wust eten – Sucuk ut de Türkei. Graved Lachs find he ook lecker – ut Norwegen. Très bien. De Botter stamm ut Dänemark un de Oliven ut Grekenland. Un denn de Kees: Camembert ut Frankriek, Gruyère ut de Schweiz un olen Gouda ut Amsterdam. Excellent! Dat Ganze weer garneert mit een

poor Wiendruven ut Spanien. Dor heff ick een Buddel Rotwien to upmookt: Malbec ut Argentinien. Formidable! Tja, un as wi denn satt weern, geev't noch een Lütten ut'n Buddel: italieenschen Grappa.
François nehm dat Glas ut proost mi to: Das deutsche Abendbrot ist unique, einmalig! Merci. Kannst du stolz drauf sein.
Tja, wenn du dat seggst, François, denn bün ick dat ook.

Ick denk so foken an Cathérine…

Sommer 1970. Endlich kunnt't losgohn: mien Deux Chevaux, miene Ente, 4 Dören, Rulldack, 16 PS stund vör de Döör. Un klor weer ook, wo de eerste Tour hengohn schull: no Frankriek, in de Bretagne. Dree Doog heff ick bruukt, ehr ick in Larmor-Plage an de Atlantikküst mien Twee-manntelt upsloon kunn. Un dor heff ick ehr dropen: Cathérine. Meist jeden Ovend drepen sick de jungen Lüüd an'n Strand bi

Musik un Wien – dor wurd sungen un lacht bit in de Nacht rin – un se weer dorbi, Cathérine. Mien klöterig Schoolfranzöösch fund se très charmant, ick fund ehr magnifique, also se hett mi umhaut. Un een Ovend sünd wi beiden an'n den langen Strand langslopen, also … nich blots langslopen … wi hefft ook mol stillholen … un hefft de Steerns an'n Heben tellt … Un denn hefft wi us verafreedt för den annern Dag Klock teihn in een lütte Bar. Un dor bün denn ja natürlich hen, Klock teihn un heff töövt. Bit viddel no teihn, halv ölven, bit viddel vör ölben. Doch se keem nich. Un denn bün ick alleen den langen Strand langsmarscheert un bün gieks denn annern Dag mit mien lohme Oont wedder no Huus tuckert. Ick bün noch foken in Frankriek ween un weet nu, wat ick domols nich wusst heff: wenn sick junge Lüüd verafreden doot un seggt Klock teihn, denn heet dat Klock ölv. Dat is so. Noch vondogen denk ick foken an Cathèrine un stell mi vör, wat passert weer, wenn ick noch een viddel Stunn länger in de lütte Bar an de Atlantikküst töövt harr, viellicht weer allens ganz anners komen in mien Leven, denn Cathèrine weer echt magnifique.

Dat kann ick eenfach nich vergeten

Mann, denk ick, blots 63 x 63 Meter, grötter weern se nich, de Toorns, un just so groot is nu dat Bassin, wo egolweg dat Woter rinlopen deit. Overs gediegen, de Stroten-verkehr is meist nich to höörn, un ook de velen Besökers snackt nich veel. Ick kiek wedder in dat Bassin. Wat steiht up den Rand to lesen? „Foot de Nooms geern an“. Ick tro mi eerst nich recht, doch denn do ick dat. Mien Fingers gliedt över de Bookstoven. Gregory James Malone, Susan M. Pollio, Charles J. Houston. Ick kiek no boben un probeer mi dat vörtostellen: 417 Meter hooch. 110 Etagen. 99 Fohrstöhl. Geiht nich. Ick probeer mi wat anners

vörtostellen: Dor boben hefft de dree arbeit, hefft telefoneert, hefft viellicht just ut't Finster keken. Geiht ook nich. Ick weet noch, wo Nobers Bernhard den Nomiddag gegen Klock veer bi us in't Huus lopen keem un reep: Mookt den Fernseher an, mookt den Fernseher an! Ick sä: Nomidoogs ward bi us kien Fernsehen keken. Mookt den Fernseher an! Un denn sehn wi dat. De Rook, de ut den Toorn kümmt. Un begrepen nich, wat wi sehn. Dat Woort „Anslag“ fullt een poormol, man ook dor kunnen wi nix mit anfangen. Un denn sehn wi de Biller mit den tweten Fleger, de in den annern Toorn flüggt. Meist 3000 Minschen koomt um.
All dat schütt mi in'n Sinn, as ick dor stoh in New York an dat 9/11-Denkmol. Ick loot mien Fingers nochmol över de Bookstoven glieden.
Un de Mörders kemen ut Hamborg.

Retourkomen ut Neuseeland

Wenn einer eine Reise tut – denn kümmt he retour un ward egolweg froogt: Na, sünd ji ook wedder dor? Denn kiek ick meist so'n beten um de Eck un segg: Ick wurd seggen – ja. Na, denn vertellt mol, Neuseeland, is dat wohrhaftig so schöön, as jümmers seggt ward? Dat is noch veel schöner! Wi hefft allens sehn: Hoge wunnerschöne Bargen, den dichten Regenwald, endlosen Strand un överall Schoop. Un weern ji ook … Un denn gele un gröne Seen up dat Vulkonplateau, wo de Eer dampt un blubbert un dat no Swefel rüken deit. Ja, schön, man weern ji denn ook in … Wi weern in de Hauptstadt Wellington in dat eenmolige Te Papa-Museum över de Maori-Kultur un in Auckland sünd wi den tweehunnert Meter hogen Sky-Tower hoochföhrt un hefft de Welt von boben sehn. Un weern ji ook … Jo, wi weern ook in Christchurch, wo dat ja vör Johren dit gräsige Eerdbeven geven hett. De Sporen kannst du noch sehn. Overs nee, bi den Terroranslag up de Moscheen weer wi al wiederreist. Doch natürlich hefft wi dat mitkregen, wo dit fründliche Land sick up een Slag verännert hett. Hier loot veel Lüüd ehr Hüüs open stohn, wenn se inkopen goht, hier höörst du ook as Utlänner gau dor mit to un egolweg froogt se di: Can I help you? Is everything okay? Un nu hefft wi to weten kregen: Nee, nix is mehr okay. Doch wat hett de Regeernschefin seggt: Dat is nich Neuseeland. Rassismus hett bi us keen Platz! Ick hoop, se behöllt Recht – un de Lüüd up de anner Siet von de Welt sluut ook in Tokunft ehr Döörn nich af.

Bit di dat Lachen vergeiht

Is so'n Sook mit dat Besinnen

Letzt weern mien Fro un ick bi Frünnen inloodt un seten dor so'n beten verloorn in de Eck rum, wiel ick de mehrsten Lüüd nich kennen dee. Dat een oder anner Gesicht keem mi al bekannt vör, man ick harr dor kienen Noom för. Mien Fro is ja anners, de vergett ja nüms un nix. Du, sä ick, disse Fro dor, kennst du de? Nu do doch nich so! Dat is Frederike, un de weer ja domols in miene Parallelklass. Du kunnst doch dien Ogen von ehr nich loten. Ick? Ick stoh gor nich up brune Hoor. De weern ja domols ook noch blond. Un bi blond fallt di ja de Ogen rut. Gor nich wohr. Ick weer ja domols ook noch blond, ick weet Bescheed, sä mien Fro. Overs dat weer doch lang vör use Tiet. Du giffst dat also to? Wat geev ick to? Dat du wat mit Frederike hadd hest. Ick heff di doch denn kennen lehrt. Ick denk, dat mit Frederike weer lang vör use Tiet. Weer dat ook. Wo lang? Veer Weken. Wat? Un worum hest du mit ehr Sluss mookt? Ick weer doch denn mit di tosomen. Ja, overs eerst veer Weken loter. Och Gott, dat is doch al so lang her. In den Momang kümmt disse Frederike bi us an'n Disch. Moin, Gerd. Kennst mi noch? Ick bün Marlene. Ick denk noch geern an den Sommer 1972 an de Oostsee retour. Weer doch fix eng in dat Tweemanntelt. Mien Fro springt up: Wat? ji beiden weern … Blots dat he egoolweg achter de blonnen Deerns ankeken hett, dat hett nervt. Tja, lang her. Schönen Ovend noch!

Dat Schicksal

Wo heet dat man noch? *Mit seinem Schicksal soll der Mensch nicht hadern*. Doch wat is, wenn dat Schicksal mien Fro veel beter behannelt as mi? So is dat bi us, echt wohr. Eenmol goht wi al up de Handgepäck-Kontrolle von'n Hamborger Floghoven to un willt no Mallorca, as upmol een Mann ganz upgeregt anlopen kümmt. „Se hefft ehr Handtasch an'n Chec-In-Schalter liggen loten." Mien Fo harr dat noch nichmol markt. Ohhh! Annermol fohrt wi mit'n Tog no Frankfurt. Koomt ook pünktlich dor an, stiegt gemütlich ut, as upmol een fründliche Stimm achter us röppt: „Vermisst Se egens nix?" Mien Fro ganz troschüllig: „Nee, nich dat ick wuss." Un dor höllt de Fro, de mit us in't Afdeel seet, ehr de Handtasch ünner de Nees. Doch de Höhepunkt kümmt noch. Mien Fro hett bi't Inkopen letzt Week in een Supermarkt ehr Tasch an'n Inkoopswogen hangen loten – un weg weer dat Pottmonee. Mit all de Papieren dor in: Utwies, Föhrerschien, EC- un Gesundheitskort. Hest du al mol all disse lütten Pastikkorten neet beandroogt? Velen Dank! Ick harr al allens klormookt, weeßt doch: EC-Korten-Notfallnummer un Online-Terminvergabe rutsöcht, as ick güstern in'n Postkasten so een dicken Breef finn, von de Post – mit mien Fro ehr Pottmonnee un all de Korten dor in. Hest du dor noch Wöör för? Doch as ick in den sülvigen Supermarkt an'n Leergootautomot vergeten hefft, den Bon mittonnehmen – 11,50 Euro – un dat al twee Minuten loter markt heff, dor weer de Bon weg. 11,50 Euro! Weg! *Mit seinem Schicksal soll der Mensch nicht hadern* – overs so'n schreen Ungerechtigkeit uttohooln, dat mookt ook kien Spooß!

Last mit de Tähnen? Ick nich!

Kennt ji dissen Witz? Droopt sick twee ole Frünnen. Seggt de ene: Mann, Peter, wat hest du för schöne Tähnen! Sünd woll de Drüdden? Seggt Peter: Denn kunn ick von Glück seggen, nee, dat sünd al miene teihnten. Ick loot de Dingers jümmers mol wedder jichenswo liggen.

Ja, över Lüüd mit'n künstlich Gebitt lett

sick fein hertrecken. Man nich mehr lang! De Tähnendokters griept lang nich mehr so gau no de Tang as fröher. Vondogen heet dat: Sanieren statt ziehen. Dat kenn ick ut mien Familie noch anners. Oma, Opa, Tante, Unkel, all harrn se een Gebitt, un wenn de to Besöök kemen, denn hett Mudder ook jümmers blots „gebissgerecht" kookt: een Supp vörweg, denn Stamp-kartuffeln mit Hackbroden un gestoovten Blomenkohl. Achterher Schokoldenpudding mit Vanillesooß. Un ween de Besöök över Nacht bleev, denn stund in de Bodestuuv een lange Reeg von söss Glöös mit Tähnen. Ja, söss, Vadder un Mudder harrn ja ook een Glas. Annern Dag bi't Fröhstück hett Tant Else denn gor nich recht tolangen wullt. Kien Wunner, se harr ut Versehn Unkel Willi sien Tähnen insett un de harr ehre nohmen, doch wiel se em nich passen deen, hett he de eenfach in de Büxentasch steken un so fröhstückt. Up Felgen. Geiht ook. Ick heff brüllt vör Lachen – un Mudder hett mi ene langt. Overs wo dat utsehn hett! Noch vondogen kunn ick mi natt moken. Doch Stampkartuffeln mit Hackbroden un gestoovten Blomenkohl, de finn ick ook lecker.

Futtern wie bei Muttern

Wenn ick ünnerwegens bün – in Stadt un Land – seh ick an de Stroot jümmers mol wedder Schiller von Lokole mit so markige Wöör as: *Hier kannst du futtern wie bei Muttern*. Dor kriegt ja vör all de mehrsten Mannslüüd ganz grode Ogen bi, denn se denkt an Matjes mit Brootkantüffeln – satt, an Arfensupp mit Kookwust – satt, an Swiensbroden mit Suurkohl – satt, an Pannkoken mit Bickbeern oder Kartuffelpuffer mit Appelmoos – satt – oder an Hackbroden mit gestovten Blomenkohl. Blots wenn du in so een Lokol geihst, is dat wat anners as fröher tohuus bi Muttern. Du kannst uphöörn, wenn du wullt. Dat kunnst du fröher nich! Bi us tohuus an'n Disch, dor gull ja een Woort: Upeten! Un ick wull un kunn nich jümmers upeten. Meist harr ick mi ja toveel updoon – Brootkantüffeln, Pannkoken un Puffer – un mien Buuk kreeg al dat Kniepen. Un denn heff ick seggt: Ick kann nich mehr. Doch Mudder reep von'n Heerd retour: Upeten! Un Vadder hau ook up'n Disch: Upeten! Un Oma ook: upeten! Un wull ick jümmers noch nich, denn keem Mudder mit ehr starkst Argument: Wenn du nich upeten deist, denn kriegt dat de Höhner. O ja, heff ick eenmol seggt, denn freit de sick, de Höhner. Batz, kreeg ick links un rechts wat an de Backen. Tja, dor muss ick an denken, as ick kortens in een Fernfohrerlokol de övergrode Portion Suurfleesch mit Brootkantüffeln nich upkregen heff. Dor heff ick de Kellnersche ganz trurig ankeken un seggt: Ick kann nich mehr. Tja, Gerd, sä se, denn freit sick de Höhner.

De neje Brill

Annerletzt keem ick no Huus, ’s ovends, möh un af. Mien Fro hett schiens nix to doon – de sitt in’n Sofa un leest.
Hhmmh, denk ick, wat süht de Fro gediegen ut – so intellektuell. Wo kummt dat denn upmol von ... un do seh ick dat: se hett een Brill up de Nees.
De heff ick mi in’t Koophuus köfft.
Wat, in’t Koophuus?
Ja, un weer gor nich düür: 18 Euro 50 – un steiht mi doch goot, dit Gestell.
Schusst du di ook holen, so’n Brill, mit dien Kieken is dat ja ook nich mehr so.
Nich mehr so! Ick kann goot kieken.
So, sä mien Fro, un worum rönnst du egoolweg gegen de Döör, fallst över dien Schoh un höllst de Zeitung so wiet von di weg?
Pfft.
Ick heff overs dat Geföhl, bi mi geiht dat Lesen al beter – mit de Brill. Mien Ogen, de wähnt sick dor an.
So, de wähnt sick dor an. Dat is ja so as

fröher as bi us tohuus. Mien Tant Olga, de meen ook, mit ehr Kieken, dat wurd slechter un dorum is no'n Koopmann gohn, denn de harr boben up't Schapp een olen Schohkarton mit Brillen stohn. Un denn hett he ehr ene geven mit Glöös so dick as dien lütten Finger.

Huuh, mi ward ganz swiemelig, hett se seggt. Denn disse. Hah, mi doot ja de Ogen weh, wenn ick dor dörkieken do.

Un denn keem de drüdde Brill.

Häh, sä Tant Olga, nu kann ick links beter kieken as rechts.

Och, Olga, sä de Koopmann do, de Ogen, de wähnt sick dor an.

Un denn is se los mit ehr Rad un rumms – seet se in'n Groven. Un wi hefft seggt: Tja, Tant Olga, dor wähnt een sick an.

Is goot, is goot, sä mien Fro, nu eet man eerst wat, – dat Ovendbroot steiht in de Köök. Ick dreih mi um – un batzt – slo ick lang in de Stuuv hen – mit den Kopp gegen 'n Stohl. Un worum? Mien egen Husschoh legen in'n Weg. Auhh.

Tja, seggt mien Fro, du bruukst wohrhaftig kien neje Brill –
dien Kopp, de wähnt sick dor an.

Klaus is henfullen – oder wat?

Klaus is mit sien Rad henfullen. Ganz seker. Dat hett Peter seggt, as he Heiner dropen dee. Sehn harr Peter dat nich, he weer ja vör em upfohrt, man as he an de Ampel stillhooln hett, dor hett he sick umdreiht un harr Klaus nich mehr sehn. Bit even noch achter em – un denn weg. Doch in den Momang weer de Ampel up gröön sprungen, un he is denn wiederfohrt. Heiner muss dat ja glieks siene Ingrid vertellen un de hett denn foorts Bärbel anropen un ehr ook von dissen slimmen Unfall bericht. An de Ampel, dor passeert ja soveel, höört een doch egoolweg. De Autos böögt ja eenfach man so af un kiekt nich so'n beten up de Radfohrers. As Bärbel ehrn Kay denn nich veel loter no Huus komen is, dor hett se em dat natürlich ook glieks um de Ohren haut, noch in de Döör, un Kay hett batz sien Handy ut de Tasch hoolt un Michael anpingelt, dat ut de Radtour dör de Lüümborger Heid dissen Sommer nix ward, wiel ja Klaus so swoor mallöört is un ick weet nich wo lang utfallt, von sien Rad ganz to swiegen, all Kruus un Muus. Ja, wenn een Lastwogen dor röverbrackert, denn blifft nich veel no. Michael hett ja so'n Schreck kregen, dat he eenfach Ulla, Klaus sien Fro, anropen hett un hett ehr liekut froogt, of se al mehr wuss, of Klaus denn dit swore Mallöör överleevt harr un wenn nich, of se al wuss, wenn denn de Troorfier weer. Dat kannst du Klaus ja sülvst frogen, hett Ulla em ansnaubt, he kümmt just dör't Goorndoor rinfohren. Wat? Ja, up sien Rad. Dor hett Michael overs gau upleggt un bi sick dacht: Up dissen mallen Klaus, up den hett een sick noch nie nich verloten kunnt.

Lesen mookt sexy!

Lesen, dat weet wi all, is ja goot för de Bildung. Wo foken hett usen olen Schoolmester dat preestert. Dat is overs blots de halve Wohrheit. Wetenschupslüüd hefft nu nowiesen kunnt, dat Lesen noch veel mehr kann. Lesen kann t.B. helpen, dat du nich so licht Alzheimer kriggst. Ja, Lesen höllt di fit in'n Kopp. Lesen kann ook Stress afboen, no een sworen Arbeitsdag. Un Lesen is ook goot, wenn du Last mit't Inslopen hest. Overs dat allerwichtigste kümmt noch: Lesen mookt sexy. Klor, dor is nich dat Lesen von de Fernsehzeitung mit meent un ook wenn du di dör de Gebruuksanleitung för dien niege Bohrmaschin quälen deist, helpt dat up dit Rebett nich een Spier wieder. Sexy mookt Lesen eerst, wenn de annern dat seht – in Bus oder Bohn oder an'n Strand. Wenn du een Book in de Öffentlichkeit leest, denn meent de annern: Oha, de is overs mol klook, de is interessant, den mööt ick kennen lehren.

Dat wull ick ja nu nipp un nau weten un heff mi in Hamborg an'n Jungfernstieg in een groot Café sett, so dat mi all sehn kunnen, heff mi een Cappuccino bestellt un heff leest. Dree Stunnen heff ick dor seten, jümmers dat Book vör de Nees, heff smüüstert – hoho –, heff lacht: hahaha! un heff mi ook mol verjoogt: Oh Gott, nee! In de dree Stunnen sünd rund twintig Froonslüüd an mi vörbi gohn, hefft sick hensett, Koffee drunken un hefft no mi röverkeken – doch nich ene hett mi ansnackt! Schöne Wetenschup! Un dorbi harr ick mi doch een echt spannend Book mitnohmen: *Der Goldene Handschuh – Leven un Starven von den Hamborger Frauenmörder Fritz Honka.*

Wat'n Last mit de Wohrheit

Dat kennst du seker ook: Fründ Hannes wiest di sien neje Jack un will nu von di höörn, wo se di gefallt. Nee, he will höörn, wo goot se di gefallt. Mehr noch, du schasst seggen, dat se em up't best kleedt. 1 a, prima, harr ick ook nohmen. Overs wat hett he sick köfft? Een Steppjack, kohschiet-gröön un veel to knapp. He süht ut as een Michelinmännchen. Dor schall di eerstmol wat to infallen. Hannes, Respekt, heff ick seggt, du troost di ja wat. Kunn he nich över lachen. Oder mien Kollegin Barbara, de ook jümmers veel Weert up ehr Kleedoosch leggt, de wies mi ehr nejen Schoh. Hool di fast! Schnürstiefelletten. Swore swatte Klutenpetter, wenn du mi frogen deist. Mien erste Gedanke weer: Oh, Barbara, mookst du dit Johr Urlaub up'n Buurnhoff? Dat geiht natürlich nich. Se harr de ja in't Büro an. Heff ick to ehr seggt: Mol so ganz gegen de Mood, harr ick just bi di nich dacht. Hett se mi de Döör wiest. Humor is för ehr ook een Frömdwoort. Noch slimmer is over mien Nober Kuddel. De hett sick een neet Auto toleggt. Een SUV. Een Geländewogen, wo een normolerwies dör de Prärie mit fohren deit.

Passt in kien Parkhuus. Un wat so'n Ding kost, will ick lever gor nich weten. Ick sä blot: Kuddel, is doch goot, dat dat Banken gifft. Hett he mi eenfach so up de Stroot stohn loten! Tja, de Wohrheit, de mööt een al afkönen. Doch dor bruukst du even Humor för. Un den heff ick ja. Mi kannst du doch t.B. batz in't Gesicht seggen: Gerd, du kickst jümmers so vergrellt. Denn segg ick: Nee, blots wenn du mi ankieken deist. Mehr Humor geiht ja woll nich!

Geiht doch nix övern Datenschutz

Ick kann ja een Woort meist nich mehr höörn, un dat is DATENSCHUTZ! Von all Sieden dröhnt dat in mien Ohren: Pass up, dat annern di nich in de Korten kiekt! Vör all nich in diene Kreditkorten. Dor kannst du bankrott bi gohn. Een goot Stück Sekerheit is ja dien PIN, dien persönliche Identifikationsnummer. De dröff anners nüms kennen as du sülvst. Klingt eenfach, is dat overs nich. Ick bün ja ook al so'n beten in de Johren komen un mööt ehrlich seggen, mien Brägen hett ook al mol beter arbeit. Jo, ick beleev dat ook al mol, dat ick in'n Keller goh un denk, wat wullt du hier egens? Oder överlegg den halven Dag, wo ick woll mien Sünnenbrill henleggt heff un eenmol sä een Keerl in'n Bus „Moin Gerd" to mi, overs ick kunn mi up sienen Nomen nich besinnen. Wat is, wenn dat slimmer ward, wenn ick eens Doogs al nich mehr weet, wo ick mien Fro afhooln schall oder noch slimmer, wo ick mien Auto afstellt heff, oder gor nich uttodenken, wenn mi nich mehr de PIN von mien Kreditkort infallt. Ick bün denn totol upsmeten. Ick betohl ja meist allens mit de Kort. Mien Fro röppt sick een Taxi, mien Auto findt de Polizei, overs mien PIN, de versackt eens Doogs up ewig in een Spleet von mien Großhirnrinde. Un is weg. Overs ick heff vörsorgt. Ick heff den PIN von mien Kreditkort up een lütten Zedel schreven, heff den in een Breefumslag steken un dissen so verwohrt, dat blots ick em finnen kann. Fallt mi eens Doogs mien PIN nich mehr in, denn mööt ick blots in de böberste Schuuflood von mien Schrievdisch kieken. Dor liggt de Ümslag. So geiht Datenschutz bi mi, weeßt Bescheed.

Bit di dat Lachen vergeiht

Annerletzt harr mien Nover Peter sien 70sten. De Fier harrn sien Kinner utricht. Siene Marion harr mi froogt, of ick nich een poor Wöör seggen kunn, an'n besten so as Riemels, to'n Lachen, dat mag Peter so geern. Un ick hefft dicht:
Hest du de 70 eerst to foten,
denn leevt sick dat ganz unverdroten.
De Rente haust du up'n Kopp,
för de Fier koomt de Kinner up.
As de Gäst so bi lütten intrudeln deen un ick noch an mien Riemels öven dee, dor fullt mi upmol up: Ick harr miene Tähnen gor nich insett. Nee, ick heff nich een

Totoolgebitt, dat harr ick ja al fröher markt, nee, ick heff achtern so'n Teilprothese mit Klammer. Weeßt doch:
Riet ick dat Muul up, kannst du sehn,
ick heff se insett oder nich, de Tähn'.
Wat schull ick nu moken? Us Övernoversche Anja, de wull doch ook komen, de hett een Slötel för us Huus un de weet, wo us Boodstuuv is. Un wohrhaftig, de heff ick an't Handy kregen. Ja, klor, ick bring diene Tähnen mit. Doch Peter sien Fier güng al los, un Marion keek mi an. Ick heff afwunken: Ick bün noch nich sowiet. Denn endlich no ewig lange 25 Minuten keem Anja mit een lütten Breefumslag. Is för di afgeven worrn. Marion, ick bün so hibbelig, mööt noch even gau verswinnen. Un denn endlich kunn ick losleggen:
Mien Peter, dat will ick di seggen,
un mööt ook nich lang överleggen,
fehlt di mol wat, de Welt steiht Kopp,
geiht nix övern gode Noverschop.

Wat di tosteiht, steiht di to!

Up mien Schrievdisch steiht een oolt Foto: Klassentreffen 1999. Mann, wat weern wi do noch all jung, ick meen – jünger. Ick kann mi dor noch akraat up besinnen, wo wi bit in de Nacht tosomen seten un fiert hefft. Un Dieter hett mi domols um 50 Mark anpumpt. Ja, he harr toveel intus un wull lever mit'n Taxi no Huus fohren, harr overs sien Pottmonee vergeten. He wull mi dat Geld natürlich glieks den annern Dag retourbetohlen. Ick överwies dat! hett he woll dreemol seggt. Ick roop di an un denn seggst du mi dien Kontonummer. Jo, geiht klor. Ick överwies di dat! Dieter hett nich eenmol anropen in de letzten Johren. 50 Mark, umrekent weern dat ja domols rund 25 €, un nu – bi 2% Tinsen – al 37 €. Dat hett Dieter seker al lang vergeten, ick overs nich! Un dorum heff ick lang överleggt, wo ick em rankriegen do. Un de grode Dag keem vör een poor Weken, denn do harrn wi wedder Klassentrefffen, un klor, Dieter weer ook dor un harr wedder tovecl intus. Ick bün dröög bleven un heff mi anboden, em no Huus to fohren. Hett he geern annohmen. Ünnerwegens bün ick bi een Tankstee rupföhrt un heff för 40 € vulltankt un denn so doon, as harr ick mien Pottmonee vergeten. Ick sä, Dieter, wees so goot, goh even rin un betohl mit dien Kreditkort. Dat hett he denn ook doon, un ick heff mi een höögt! No 20 Johr heff ick em doch noch rankregen. As wi bi em tohuus weern, bedank he sick natürlich un sä noch: Gerd, de 3 €, de du mi ja nu noch schullen deist, de legg man goot för mi an. Wenn wi us in 10 Johr wedder seht, denn sünd dor al 3,60 € ut worrn.

Freedag – dat is mien Dag!

Mien leevste Dag von de Week is un blifft ja de Freedag. Worum? Allens, wat mien Leven de Richt geven hett, dat is an een Freedag passeert. Ick heff ick ja mien eerste

Auto an een Freedag kregen, just so as Gunter Sachs, Niki Lauda un Michael Schumacher. Is wohr. Heff ick ut de Bravo. Ick heff mien Fro an een Freedag kennenlehrt, just so as Sean Connery, Roger Moore un Daniel Craig. Kannst du glöven oder nich, is so. Heff ick ut de Bunte. Un ook mien Schooltiet höör an een Freedag up. So as bi Albert Einstein, Thomas Mann un Siegfried Lenz. Gläövst du nich? Steiht in dat Book „Schicksalstage großer Persönlichkeiten" up de Sieden 124 bit 128. Wenn mien Fro un ick meent, vondogen is een besünnern Dag, vondogen loot wi dat mol so recht krachen, denn is dat – na klor – een Freedag. So as bi Kate un Prinz William. Heff ick in't Gröne Blatt leest. An een Freedag heff ick mien eersten Whisky drunken. Just so as Winston Churchill, Lenin un Bismarck. Gläövst du nich? Ick heff een Semester Geschichte studeert, dor lehrst du sowat. Un an een Freedag heff ick ook mien eerste Zigarett smöökt. Dat weet ick dorum so genau, wiel mien Vadder mi

dor bi kregen hett un ick den annern Dag nich in't Kino druff.
Doch dat Gröttste kummt ja noch. An een Freedag hett ja de leve Gott den Minschen mookt, dat steiht in de Bibel, un, dat kann doch keen Tofall ween, ook ick bün an een Freedag to Welt komen. Mehr geiht ja woll nich.

Wenn de Kinner uttrecken doot...

Mien Jung is nu ook sowiet: he hett sien eerste egen Wohnung. Nu treckt also ook de letzte ut. Is ja klor, dat wi all mit anfoot hefft. Un klor is ook, dat he kien Lust hett, use olen Plünnen uptodregen, dat heet, he hett nich dat ole Schapp von'n Böhn nehmen musst un ook nich dat klöterige Bettgestell ut'n Keller, wo wi al up slopen hefft. Nee, he hett't all neet kregen. As wi denn meist allens röverföhrt harrn, moken wi noch een letzten Gang dör use Huus un keken, of nich doch noch dat een oder anner liggen bleven weer. Du Gerd, sä he do upmol, mi fehlt noch twee Koffeebeker, een Scheer un so'n beten Warktüüg. Kien Problem, sä ick, bedeen di. Un dat dee he denn ook. Ut't Kökenschapp hool he sick de beiden HSV-Bekers, de mi mien Kollegen letzt Johr to'n Geburstdag schunken harrn. Na ja, so as de HSV upstunns speelt, deit mi dat nich so dull weh. Denn greep he no een von de dree Scheren, de wi hefft, un klor, he sackt sick natürlich de eenzige in, de noch snieden deit. Un toletzt geiht't in miene lütte Warkstee un, as harr ick dat nich ohnt, he packt sick mien Akkubohrer in, dorto dat Chrom-Vanadium-Schruventrecker-Set un ook noch miene Tweegang-Sliepmaschin. So is't Recht. Giffst du dien Kinner den lütten Finger, denn riet se di den ganzen Arm ut! Is dat in Reeg, Gerd? froog mien Jung denn noch. Na höör mol, ick weer ja woll kien goden Vadder, wenn ick mi wegen so'n beten Klöterkroom anstellen dee.

Wat Sokrates nich wusst hett

Ick kann dat nich mehr hööрn, wenn dor över lamenteert ward, wo wenig Benimm, Anstand un Respekt de jungen Lüüd vondogen hefft. Is doch allens Ole-Lüüd-Snack. „Die Jugend von heute liebt den Luxus, hat schlechte Manieren und verachtet die Autorität. Sie widersprechen ihren Eltern, legen die Beine übereinander und tyrannisieren ihre Lehrer". Dat hett Sokrates vör mehr as 2000 Johr al seggt. Dor weer he sülvst oolt, is doch klor. Nee, de echte Respekt för de Öllern, de Groden, de wiest sick in'n Alldag, in dat rechte Gespöör för Klenigkeiten, so as ick dat kortens beleevt heff. Ick muss mit'n Bus von'n Hamborger Hauptbohnhof no'n Jungfernstieg fohren, wiel de S-Bohn utfullen weer. De Bus weer natürlich brekenvull. Ick stoh dor in'n Gang, hool mi an de Stang fast, as mi upmol een Jung von 14/15 Johr antippsen deit: „Se köönt sick geern hier hensetten". Stell di vör, he butt mi sienen Platz an. Ick wuss gor nich, wat ick seggen schull. „Äh, nee, velen Dank!“. Overs he geev nich no: „Doch, doch, *mi* mookt dat Stohn nix ut.“ Un dor wull mi ja woll meist de Luft wegblieben. Wat för een utverschoomten un arroganten Snösel! Stellt de mi vör alle Lüüd in’n Bus as kröpelhaftigen olen Mann hen, de ja woll glieks tosomenbreckt, wiel he nich mol mehr 10 Minuten stohn kann. Sokrates harr doch recht, blots dat de Tyrannisierungsmethoden von de jungen Lüüd jümmers achtertückscher ward, dat hett he nich wusst.

Nödigen

Ick leev ja nu al 40 Johr in Hamborg – overs de Wohrheit is, ick koom jümmers noch von'n Lannen. Un dat geiht ook nich weg, wenn du in so'n lütt Dörp upwussen büst as ick. Up'n Lannen gellt anner Regeln. Ook vondogen noch. Sünnerlich, wat de Gastfründschup angeiht. Kümmst du to Besöök bi Lüüd in de Stadt – oder up'n Lannen – denn heet dat doch glieks: Kann ick di wat anbeden? Seggst du ja, denn sett se di wat vör: een Tass Koffee oder Tee un dor een lütt Stück Koken oder 'n Keks to. Dat is in Hamborg nich anners as up'n Dörpen.

Seggst du overs nee! – denn fangt de Ünnerscheden an. In Hamborg ward denn froogt: Gor nix? Du wullt wohrhaftig nix? Ook keen Tass Koffee? Oder 'n Water?

Nee, besten Dank.

Denn seggt dien Gastgever: Ook goot.

Up'n Lannen is dat anners, hier geiht nu dat Nödigen los. Mol een Bispill:
Ick weer kortens to Besöök bi Tant Elsbeth. Dat is verheiroot ween mit den Unkel von mien Fro, de ja al siet een poor Johr doot is – nich mien Fro, de Unkel is doot. Un disse Unkel weer ja de Pote von mien Fro, un dissen Platz hett nu Elsbeth innomen. Dor heff ick egens nix mit to doon, man se nimmt mi just so as ehr Potenkind an, liekers se blots söss Johr öller is as ick, denn se weer ja rieklich een poor jünger as mien Fro ehr Unkel, de ja, as ick al sä, dootbleven is – un se leevt noch – Elsbeth. Mien Nenn-Potentant. Dit Amt, Potentante to ween, nimmt se düchtig eernst. Up ehre Oort, se is ja von'n Lannen, wo ja, as ick al sä, anner Regeln gellt as in de grode Stadt.
Se is een beten gediegen un jümmers bang, dat ick mien Recht nich krieg, as se seggt.
Anner Week heff ick ehr mol wedder besöcht. Ick stund ja noch nich ganz in de Kööк, dor güng dat al loos.

Gerd, goh sitten, ick smeer di eerstmol een ornlich Botterbrot, du sühst ja so versmacht ut.
Ick – seh versmacht ut? Dat hett mi noch nüms seggt.
Doch, doch, doch.
Elsbeth, ick heff just even ...
Rotwust, du möößt Rotwust eten, de gifft Knööv ...
Rotwust verdrääg ick gor nich. Veel to fett.
Swattbroot mit Rotwust, schasst mol sehn, denn kümmst du wedder up de Been.
Mi geiht dat goot, Elsbeth.
Un wat sühst du bleek ut – so witt as Kalk an de Wand. Man dorgegen weet ick ook een goot Middel ...
Elsbeth, mi fehlt nix...
Kamillentee, hier, heff ick vonmorgen frisch kookt.
Vonmorgen, de Klock geiht al up dree.
Och, dat mookt nix, in'n Gegenteil, wo länger de treckt, wo beter he hölpt, segg ick jümmers.
Na, wenn du dat seggst.

Overs kien Zucker dorto. Dat is Gift. De mööt so rünner. Hier ran mit de Tass.
Oh, Elsbeth, nu hest du mien Jack vullkleiht.
Och, dat is doch gor nich to sehn.
De Jack is hen un dat Hemd ook.
Och wat, stell di nich so an. Hier geiht dat um diene Gesundheit. Nich um dien Jack oder dien Hemd. So, un nu man rin mit dat Rotwustbroot un glieks mit Kamillentee nospölen, schasst mol sehn, dat hölpt, denn kriggst du wedder rode Backen.
Wat schull ick moken? Ick heff afbeten. Ohh, lecker Rotwustbroot! Un denn mit olen Kamillentee nospölen. As fröher tohuus.
Oder wullt du lever een stiefen Grog?
Elsbeth, nu langt!
Dor weer se still.

Noch slimmer weer dat, as ick bi Gunda un Karl-Heinz to Besöök keem. Landeier, so as ick. Karl-Heinz harr ja Geburtsdag. Hett he hadd. Un den harr ich verswitzt. Also heff ick anropen un mi to'n Besöök anmellt. Un denn ook glieks seggt: Nich, dat ji extra wat

för mi vorbereiten doot. Ick koom, drink een Tass Koffee un goot is. Allens klor. Tja, nix weer klor. As ick keem, stund de Disch in de Stuuv al vull mit Koken: Appelkoken, Botterkoken, Mohnkoken, Kranzkoken, Amerikoners un Zitronencreemkoken.
Och nee, ick heff doch seggt …
Mann, Gerd, dat is doch nix Grootoortigs. Blots so beten Snoopkroom. Koffee ohn een Stück Koken, dat is doch nix. Fang man hier mit den Appelkoken an.
Nee.
Karl-Heinz, hool mol even den Slackermaschü ut't Köhlschapp…
Ick verdrääg kien Slagsohne.
Weeßt du, Gerd, de verwohrt wi jümmers in't Köhlschapp, denn de kann ja licht ook mol umkippen un denn is dat ja bäh un du kannst den Koken ook glieks mit wegsmieten. Dat willt wi doch nich.
Nee, dat willt wi nich.
Kiek, Karl-Heinz is al wedder dor. So …
Blots een Teelepel …
Och wat, so'n Appelkoken is ja geern ook

mol een beten suur, also de Appeln. Ick heff Boskop nohmen un dor passt de Söötkroom so recht to.
Du, Gunda, ick heff Laktoseintoleranz.
Ja, ja, de hest du ook mit Slagsohne. So hier.
Un denn bo sick de Slagrohm up mien Stück Koken up, as wenn sick in'n Sommer de witten Wulken an'n Heven upboen doot un di al klor is, dat de sick to een Unweer mit Hogelschuurn tosomentreckt.
Goot, ick worg den Appelkoken dool, overs denn is daddeldu. Denkst du.
Nix. Nu güng dat los, wat ick al lang vergeten harr, verdrängt harr in mien 40 Johr Hamborg: Dat Nödigen.
Gunda trock alle Register un Karl-Heinz stund ehr natürlich mit bi.
So, Gerd, wo weer't nu – twüschendör – mit den Botterkoken.
Nee, ick kann nich mehr.
Den back ick ja no de ganz ole Oort.
Ja, sä denn Karl-Heinz. No dat Rezept von mien Mudder.

Quatsch, dat is de Mohnkoken, dit is dat Rezept von mien Oma-Margret. De kunn Koken backen.
Overs ick mag nich mehr.
Dor kümmt jümmers gode Botter rin. Botterkoken! Halv mol mehr as in't Rezept steiht.
Ick wull just mit miene Hand den Teller afdecken…
Finger weg, so!
Natürlich een Dubbelstück.
Un nu biet rin. Noch'n Tass Koffee?
Nee, velen Dank. Un wedder heel ick de Hand över mien Tass, doch Gunda glieks: Karl-Heinz, schenk Gerd noch even no.
Un disse Hund dee dat. Ick kunn just noch even mit Hand wegtrecken.
Bit de drüdde Runn keem nu endlich de Mohnkoken von Karl-Heinz sien Mudder an de Reeg, un de ja stund von Eier, Botter, Mehl, Rosinen, Melk, Grieß un Bittermandelaroma ut so'n lütten Buddel. No dat Rezept von Gisela ehr Mudder, wohrschienlich mit dubbelt soveel Botter as in't Rezept steiht.

Overs nu heff ick luut un düütlich seggt: Nee!
Och, Gerd.
Nee!
Blots probeern.
Mi ward övel.
Hööorst du dat, Karl-Heinz. Gerd ward övel. Hool gau den Doornkaat-Buddel. Gerd mutt een lütten Verdeler hebben.
Dat hölpt ook nich. Ick kriegt den Mohnkoken nich mehr dool.
Gunda höör gor nich to.
Nu sünd wi bi lütten bi den Punkt, wo de Gastgevers sworer Geschütz upfohren doot.
Gerd – nu is Karl-Heinz mit den Doornkaat-Buddel wedder dor –, Gunda, de hett ja güstern – ick will nich lögen – meist den halven Dag in de Kööök stohn – wegen di.
Kann ick nix vör.
Du kannst ehr doch nu nich up all den schönen Koken sitten loten, anners …
Anners wat?
Anners kriegt dat toletzt de Höhner.

Ji hefft doch al siet een poor Johr kien Höhner mehr.
Gisela fung nu an un schoov al de eersten Tellers tosomen – dach ick – nix. Se wull blots mienen Teller in de Hand kriegen un batz – leeg dor een Stück Mohnkoken up.
De Rosinen keken mi as trurige Ogen ut ehr smerig MohnFettBett an, as wullen se seggen:
Das Menschenherz ist ein Kirchhof begrabener Hoffnungen.

Tja, wat schull ick moken, ick heff eten.
Overs den Kranzkoken, de Amerikoners un den Zitronencreemkoken, den heff ick nich anröögt. Ook, wenn de beiden mi wat von de Swienen vertellt harrn, de nohst den Koken upfreten mussen. Nix. Un se harrn een Insehn.
Letzt Wekenenn weern wi bi Dieter un Gisela to'n Ovendbrooteten inloodt. Ook Lüüd von'n Lannen. De hefft een Elektrogrill för binnen. Un as dat foken so is, se harrn toveel Brootwust, Steaks un Nacken-

koteletts inköfft. Man liekers wurd natürlich all dat Fleesch up'n Grill leggt. Ick mag ja bestimmt wat eten, man ook ick mööt mol seggen: Mehr nich. Un denn güng ja ook dor dat Nödigen los.

Dieter füng an: Gerd, noch een Wust?

Nee, velen Dank. Oder dit lütte Steak? Is doch eenmol lecker. Hest du sülvst seggt.

Ja, heff ick, man ick kann nich mehr.

Een poor Minuten passeer nix, denn övernehm Gisela dat Nödigen.

Ick heff noch twee Wust un dree Steaks! Gerd, du wullt doch woll noch nich upgeven! Dat Nackenkotelett is up'n Punkt dör.

Nee, besten Dank.

Nu loot mi doch nich hangen. Du weeßt doch, annern Dag smeckt dat nich mehr.

Deit mi leed, bi mi geiht nix mehr rin.

Dat leckere Fleesch! Schall dat all de Hund upfreten?

Ji hefft ja gor kienen Hund.

Dat schöne Fleesch. Is doch een Sünnen!

Ja, wenn ji een Hund harrn, de wurd sick ja freien.

Un ick heff blots dat beste Fleesch inköfft, dat kannst' mi glöven.
Un dor wurd mi dat echt toveel: Dat is mi doch egool, wo düür diene Steaks un Nackenkoteletts weern, verdammignochmolto. Un diene Wust, de eet du ook man sülvst up! Muul up un rin! Koop doch blots soveel Fleesch in, as diene Gäst ook berieten köönt. Ick bün doch nich diene Drangtünn.
Heff ick natürlich nich seggt. Is goot meent, overs ick kann echt nich mehr. Mi knippt al de Mogen.
Een Stück noch.
Wenn ick nu wiedereten do, denn krieg ick dat Worgen, un du wullt doch nich, dat ick dat Worgen krieg.
Dit lütte Steak, Gerd, dat bringt di doch nich um.
Nu kunn ick nich mehr an mi hooln:
Schall ick överall rumvertellen, bi Dieter un Gisela, dor mööt ji eten, bit ji dat Worgen kriegt? Willt ji dat? Willt ji dat?
Nee, dat wullen se nich – un hefft ook upgeven.

Tokomen Week sünd Dieter un Gisela un Gunda un Karl-Heinz ja bi us to Gast. Un ick reken ja för jeden Gast veer Stück Fleesch – un twee Wust. Is rieklich, dat weet ick, doch dor gifft't ja denn noch Braatkantüffeln to, lecker Blattspinoot in Rahmsoße, veer verscheden Grillsaucen, achterher Vanilleeies mit hitte Kirschen un Amaretto. An Gedränk allens, wat du di vörstellen kannst: Sekt, Beer, Wien un natürlich Aquavit. Ieskoolt. Un ick, *ick* geev nich up. *Ick* hool dör. Ehr nich allens upeten is, koomt de gor nich ut'n Huus. Ick sluut eenfach de Dören to un loot de nich ehrder rut, bit allens vertehrt un utsopen is. Un wenn dat bit Middernacht duurt un de all um'n anner Ogenblick dat Worgen kriegt. Nee, ick will sogor, dat de dat Worgen kriegt. De mööt no Huus komen un bit Klock dree nich in'n Sloop finnen. Denn dat Slimmste, wat se över di vertellen kööont, dat is doch, wenn se seggt:
Bi Gerd is gor nich genoog nödigt wurrn. Un dat will ick mi nich noseggen loten.

Minsch un Technik

Anrufbeantworter

Wenn Lüüd bi us tohuus anropen doot, un wi sünd nich dor, denn springt no dreemol pingeln de AB, de Anrufbeantworter, an un denn hööрt ’n mi snacken: Hallo, hier ist Familie Spiekermann in Hamburg. Jetzt sind Sie dran – Tschüüs. Siet Johren al loodt miene charmante Stimm de Anropers in, mi to seggen, wat ehr up’n Harten liggt. Doch nu is’t dor ut mit. In de letzten Weken roopt egoolweg Lüüd an, de dat nich goot mit us meent. De, de … Jo, genau. Un dorum, wenn du nu anropen deist, denn höörst du dit: Hallo, hier is Familie Spiekermann in Hamborg. Vör du mi nu dat Band vullsabbeln deist, schasst du weten, dat ick kien niegen Versekerungen afsluten will, kiene Sterbegeldversersekerung un ook kiene för een Invalidenrente. Ick will ook an kien Umfroog to dat Thema Winterreifen, Botter oder Magarine un al gor nich to de Politikers in Berlin deelnehmen. Dat geiht ook nüms wat an, wo oolt ick bün un wo hooch mien dörsnittlich Monootsinkomen is. Un al gor nich, wecke Partei ick wählen *dee*, wenn tokomen Sönndag Wohl *weer.* Overs noch slimmer sünd ja socke Filous, de mi glieks anblafft: Sie haben es versäumt Ihr Abo zu kündigen, aber ich gebe Ihnen jetzt die einmalige Chance gegen Zahlung von 75,80 € aus dem Vertrag auszusteigen. Dazu müssen Sie nur … Jo, ick weet wat ick mutt: Upleggen! So, un wenn du ganz wat anners von mi wullt, also kien Versekerung oder Umfroog, denn segg dat man nu. Ganz in Roh. Ick roop ook retour. Dor verloot di to! Tschüüs.

Free snacken – dat mööt een al verstohn

Overs wat de Technik angeiht, goht wi ja totool mit de Tiet. T.B. hefft wi al siet Johren so'n modern kabelloos Telefoon mit Display,

Telefoonbook, AB, heff ick al seggt, un Freespreekanloog. Dor mit umtogohn, dat mööt een al verstohn. Pingelt een an, un wi sitt just bi Koffee un Koken, denn sett wi dat Telefoon eenfach tomidden up'n Disch un stellt de Freespreekanloog an. Telefoneern un Botterkoken eten to glieker Tiet, dat mööt een al verstohn. Kortens ook wedder. Mien Swägerin reep an, as wi just bi't Ovendbroot weern. Bün ick glieks rangohn un heff seggt: „Moin. Ick stell di up luut. All höört mit. Pass also up, wat du seggst". Mien Swägerin kennt sick in de Familie up best ut un weet dorum ook jümmers de een oder anner Neeigkeit to vertellen. Un as se denn no teihn Minuten de Maleschen von Unkel Hans un de lütten Schandoolgeschichten von Tant Elsbeth utbreedt harr, dor froog se noch so ganz nebenbi: „Un bi jo, allens goot?" „Nee, is dat nich", sä ick, un dat weer de Wohrheit. „Dien Süster geiht't echt slecht!" Un nu muss mien Fro ehr ja vertellen, dat se sick fix een upsackt harr. So slecht hett ehr dat al lang nich mehr gohn. Fevers un Rieten

in de Knoken, all een Snööf un Snott, de Stimm meist weg, de Ogen knallroot un beide Tronensäck upquullen. „Ick goh totiets nich ut'n Huus", sä mien Fro, „so as ick utseh, dröff mi nüms sehn!". Un dor heff ick so ganz nebenbi seggt: „Dat kannst' woll luut seggen".
Tja, as ick al sä, wi goht ja mit de moderne Technik, blots dor mit umtogohn, dat mööt een al verstohn.

Wesseln – dat is nu mien Leven

Wenn du nix verpassen wullt, musst du ja fix up'n Kiewief ween. Denn dat geiht ja jümmers um Geld, um veel Geld. Wat ick in de letzten Weken al instreken heff, dat dröff nüms weten. Och so, ji weet ja gor nich, wo ick von snacken do. Dat geiht um dat „Wesseln". Jümmers noch nich klor? Pass up! Wenn ick t.B. in'n Feernsehn een Stimm höör, de seggt: Wechseln Sie jetzt! Mann, denn krieg ick ja grode Ohrn. Dor is jümmers wat bi to verdenen. Dorum heff ick ja güstern mol wedder mien Handytarif wesselt. Dit Johr to'n tweden Mol al. Dat bringt mi een niet Handy in. Nich glieks, overs dat kümmt. Miene Autoversekerung heff ick natürlich ook al lang wesselt. De Prämie, de kümmt sachs bold. De Stroom kümmt bi mi noch jümmers ut de Steckdöös, is overs nu öko. Also mehr öko as vörher. Un vonaf tokomen Johr ook günstiger. Hefft se mi versproken. Miene Bank heff ick al dreemol wesselt un den Bonus inkasseert. De Krankenkass tweemol. Denn de Haftplicht, dat Gas un de Kreditkorten natürlich ook. Ick heff den Huusarzt wesselt, den Kusendokter, den Barbier, den Supermarkt un de Tankstee. Wesseln is mien Leven. Un as ick annerletzt no Middernacht noch Fernsehn keken heff, dor hett mi een smucke junge Deern vörsloon, ick kunn doch ook mol mien Fro wesseln. Dat höllt di jung, hett se seggt. Un dat heff ick denn ook doon. Nu mööt ick mien Adress wesseln.

Ick heff een Wackelkontakt!

Ick goh ja nich mehr ut'n Huus, ohn dat ick tomindst dree Papiertaschendöker insteken do. Nich, dat ick mi snuven mööt oder mi de Hannen sweterig sünd, nee, overs sodra as dat heet: „Rup up't Fohrrad, wi willt us mit Peter un Ingrid in't Iescafé dropen", denn griep ick no dat Paket mit de Papiertaschendöker un treck dor dree Stück rut. Mien Fro is dat al genant, denn se weet natürlich, wo ick de för bruken do. Ick hool dat ja nich ut, wenn Dische wackeln doot. Un wenn de Dische buten stoht, up't Trottoir oder in'n Beergoorn, denn is de Ünnergrund nich liek un de Dische wackelt. Dat mookt mi mall. Ick finn dat ekelhaft, wenn du di blots een beten up den Disch lehnen mööẞt un – swapps – hett de Koffeetass natte Fööt oder allens is vullkleiht mit Cola un Beer. Un dorum heff ick jümmers dree Papiertaschendöker bi mi. Nich to'n Upwischen, nee, de prökel ick ünner een Dischbeen, bit de Wackelee een

Ennen hett. Mien Fro meent, ick harr echt een weg, ick harr een Wackelkontakt un schull mi mol therapiern loten. Nu hööр mol goot to, heff ick to ehr seggt. Een bekannten Psychiater hett faststellt:

„Ein wesentliches Merkmal psychischer Gesundheit ist die Fähigkeit, an einfachen und gewöhnlichen Aspekten des Alltagslebens Freude zu haben.“

Un wenn een Disch nich mehr wackelt, denn heff ick dor mien Freid an. Wenn di dat egol is, denn schusst du di mol ünnersöken loten.

Geschichten ut een süke Tiet

Stillstand – Vonwegen!

Mannomann, wenn so’n Virus dat Seggen hett, wat mööt een dor allens uthooln. Tohuusblieven, Afstand hooln, Maske drägen – goh mi af! Wo foken heff ick seggt:
Nee, nee, nee, ick will nich mehr. Denn wat schasst du moken, wenn du över Weken an dien Tohuus fastbunnen büst? Lesen? Is wat för Musterschölers. Fernsehn kieken? Bi dat Programm? Nich mit mi. An’n Ennen blifft di nich veel över as … klor, uprümen. Un no ene Week wuss ick, ick will nich mehr uprümen, utsorteern un wegsmieten. Ook nich mehr utbetern, fastdreihen un anstrieken. Dat miene Böker nu no’t Alphabet in’t Regool stoht, dat is seker fein antokieken, doch vörher heff ick ook allens wedderfunnen. Wenn ick söcht heff. Klor is

dat goot, dat de Kellerfinster no teihn Johr ook mol wedder een Slag frische Farv kregen hefft. Un bi de Fohrrööd geiht nu ook wedder dat Licht. Wat een in'n Sommer overs meist gor nich bruken deit! Un putzt heff ick de natürlich ook. Sogor den Balkon heff ick reinmookt. Frisch streken un mit gröne dicke stinken Farv versiegelt. Up den Balkon bün ick anners, wenn't hooch kümmt, viellicht een Mol in't Johr togang, un twors denn, wenn mien Fro will, dat ick ehr de Blomeneer un de Stiefmütterchen, de roden Pelargonien un de blaue Mauritius hoochdrägen do. Nee, nee, nee! Mi langt, nu is't genoog. Ick will endlich wedder ganz normol leven. Ick will dat doon, wat ick will un nich mehr dat, wat dit vermaledeite Virus mi överlett. Overs dat kann ick di nu al seggen, du lüttje Düvel, eens Doogs kriegt wi di tofoten un weeßt', wat ick denn do: Ick drink een Buddel ieskoolt Corona-Beer ut Mexiko. Un wenn ick dor um de halve Welt för flegen mööt.

Tja, dat heff ick no de eersten twee Quarantäne-Weken seggt, doch dat güng ja wieder. Dat Virus hett mi nödigt, jümmers noch mehr uptorümen. Ick heff den Keller uprüümt un twee Sack Müll wegsmeten. Den Böhn uprüümt un dree Sack Müll wegsmeten. De Stuuv, de Kamer un dat Gästezimmer uprüümt – un wedder wegsmeten: Böker, Biller, Glöös, Blomenvosen un Tietschriften. Un denn in de Garage, dor kickt di de Müll ja blots so an. Ole Reifen, halve Schappen, dreeviddel Rööd, Öl- un Farvpotten, oolt Geschirr un verrust Warktüüg: Uprüümt un wegsmeten! Is allens weg, denn koomt ja Froonslüüd geern up so gediegen Ideen. Wat meenst du, schullen wi de Stuuv nich mol neet tapzeern? Wi! Wi tapzeert gor nix, dat mööt ick doon. In disse bescheten Corona-Tiet hefft se in Hamborg all de lütten Lodens, Theoter, Kneipen un Freetlokole dicht mookt. Blots de Supermärkte weern open – un de Bomärkte! Worum hett sick de verdreihte Markus Söder nich dörsett un dorför sorgt, dat överall in Düütschland de Bomärkte dicht weern? Nee, blots in Bayern un Sachsen. Schiet Förderalismus. In Hamborg weern de open. Un dorum kunn ick dor ja ook inkopen: Tapeten, Ölfarv un Kliester. Un heff tapzeert. De Stuuv, denn de Köök un toletzt dat Treppenhuus. Nu denkst du: dat weer't. Nix.

Nu kümmt de Goorn! Gottloff hefft wi ja blots so'n lütten rund um't Huus to. Man wenn dor mien Fro in is – un ehr sitt mol nich de Klock in'n Nacken –, wat meent ji, wat de all findt, wat een wegsmieten kann: Blomenpotten, Gordeneersacken, ole Hacken, ole Harken, ole Spoten, ole Geetkannen – weg. Un denn rin in de Rabatten – ene Pracht! Use Goorn süht so ut as fröher de von Tant Else, wenn se sä: Allens wedder püük, so mag ick dat lieden! Dor hefft wi över lacht domols, un nu is bi us ook allens püük!

Dat kümmt overs noch veel slimmer. Siet 10 Johr steiht use Goorntuun so'n beten scheef. Möößt al nipp un nau henkieken, dat du dat sühst. Teihn Johr hett sick dor nüms an stött, doch nu up eenmol: Den wullst du doch al lang mol wedder liek setten. Ick? Ick wull den Tuun liek setten? Kann ick mi nich up besinnen. Un denn dat Florenpadd. Twee Platten sünd sprungen von den Frost oder dör de Wuddeln von den schetterigen Walnootboom, de nix an Nööt drägen deit, overs Blööd hett för dree. Den sien Wuddeln, de hefft sick von unnen hoochwöhlt un de Platten sprengt. Sprengt! Overs ook dor is noch nienich een över fullen. Doch nu upmol heet dat: Gefohr! Wohrschau! Wat kann dor allens passeern. Gerd, nu hest du doch Tiet, dat fein wedder in Reeg to bringen. Un wedder hen no'n Bomarkt un Floren un Sand kopen.

Un wenn ick denn ovends mööd un af vörn Fernseher in'n Sessel sacken do un Angela Merkel höör: Der Kampf gegen Corona ist eine schwere Prüfung! Tja, Angela. Dat is wohr. Acht vulle blaue Müllsäck swoor. Von de tweien Floren un den scheven

Goorntuun un von all den annern Affall will ick gor nich snacken. Angi, ick much di geern mol up'n een Ledder stohn sehn un backen Tapeten an de Wand. Eine schwere Prüfung! Un denn jümmers wedder: Es ist noch zu früh für Lockerungen! Overs nich för Tapeten! Overs wenn dat doon is un dien Knoken nich mehr kellen doot, denn hest du Tiet to'n Besinnen un denn kümmt ja dien Binnerste no buten. Diene gehemen Wünschen breekt sick Bohn. Upmol wullt du di mol wedder neet inkleden oder di een poor CDs kopen un viellicht sogor een niege Musikanloog günnen. Un sowat kannst du nich in'n Bomakt kopen, dat möößt du di al komen loten. DHL, Hermes, dpd, GLS un UPS sünd Dauergast bi us. Endresultat: Wi stickt in Pappe. Denn een niege Fernbedienung t.B., de ward ja in een Karton levert, as wenn dor een ganzen niegen Fernseher in weer. Een USB-Kabel Typ 2.0 USB-A auf USB-B (für Audio-Streaming, DAC und Drucker) schwarz/rot – 1,5m ward in een Monster-Paket levert,

ick dach, de schickt us een Goornhuus to'n Selbstaufbau.
Dissen Paketen mööt ick nu all in lütte Stücken rieten, Pappe in lütte Stücken rieten, herrlich, miene Hannen seht ut, as harr ick mi dör den Amazonasurwoold mit blote Hannen wöhlt. Denn de Papptsücken, de mööt ja lütt ween, hannig, de schöölt ja all in de blaue Papiertünn rin, de blots all veer Weken afhoolt ward. In Corona-Tieden harrn se de bi us jede Week afhooln kunnt.
Overs wat mi denn doch an't Hart gohn is, dat is, wo't mien Fründ Bertold gohn is. Den hett dat echt swoor dropen. Em is ja de ganze Welt wegbroken. Tragisch. Berti is ja in de Beschaffungsbranche togang. Export. Un dor löppt ja nix mehr. Tragisch. De ganze Familie – een Nervenwrack. Dat ganze Inkomen hangt ja an em. Un wenn denn de ganze Export up null dool geiht – tragisch. Fröher harr he sien Utkomen, nee, he hett echt goot leevt. Een Monoot goot, annern Monoot beter. Doch nu? Ut. He is

oder weer ja Experte för düre Autos. SUVs vör all, in- un utlännsche Modelle, he kennt se all. He hett alle Marken binnen een halve Minuut openkregen. Un dor koomt ja all poor Weken niege Sekerungssysteme up'n Markt. Elektronik von'n Allerfeinsten. De musst du kennen un studeern. Fortbildung is in dissen Job allens. Dat wuss Berti un hett sick ranhooln. Tja, un wenn denn een Updrag keem, t.B. „Besorg mi een Volvo XC90 Automatic", denn kreeg Berti ja jümmers so'n Kribbeln. Nu füng de Jagd an. He is loosfohrt. In sien Golf 2, de Klöterkist. Is allens Tarnung. Berti wuss, wo he söken muss. Un harr he een up Sicht kregen, hett he sick an em ranmookt, an den Fohrer natürlich oder de Fohrerin. Soveel Tiet mööt ween. Overs ick will dat hier nich all so vertellen. Is ja Berti sien Job. Naja, wenn he also wuss, wo een Volvo XC 90 Automatic to Huus weer, hett he up den rechten Momang töövt. An'n besten weer ja Freedagovend. Denn goht SUV-Lüüd ut. Willt se angeven, denn mit‘n SUV, willt se wat drinken, ohn SUV. Un bi de Süpers hett Berti gau tosloon. Wenn de SUV-Lüüd wedder no Huus kemen, weer ehr Fohrtüüg al meist över de Grenz. Tja, Profi. Geld geev’t up den Parkplatz achter de Raststee Gudow. Un denn weer upmol allens dicht: Kneipen, Theoter, Puffs. Ook SUV-Lüüd bleven tohuus – un Berti weer arbeitslos. As ick eens Doogs in’t Ovendblatt lesen dee: *Kriminalität in Hamburg auf niedrigstem Stand seit 40 Jahren. Starker Rückgang bei Wohnungseinbrüchen und Autodiebstählen,* dor heff ick glieks an Berti bi dacht. Un duur nich lang, dor reep he al an. Wat mookt ick denn nu? Hest du denn nix retourleggt? Ja, een beten woll, man ick heff ja ook Utgoven. Mien Golf 2, de ole Koor, den heff ick kortens in de Warkstee hadd: 1800 Euro. Aua, dat deit weh. Un denn harrn se ja ook jümmers goot leevt. Un de beiden Kinner, 14 un 16 Johr, de hefft ja ook so ehr Vörstellen von Tüüg, Handys un so. Ick sä: Tja, Berti, so gau ward sick dor ja nix an ännern. Nich an de Kinner un al gor nich an disse Corona-Schiet. Du schasst woll up Kurzarbeitergeld möten. Erfolgreicher Einzelunternehmer im In- und Export. Zwei Kinder: 87%. Blots von wat? Von diene SUV-Provisionen? Tja, is 'n goden Witz. Doch Berti gifft ja so licht nich up. He hett umschoolt. He is nu Nahkampfexperte. He grippt anner Lüüd direkt in de Tasch. De ole Hannes Scharnowski ut Barmbek, de hett em in een Crashkurs von dree Weken dat Handwark wiest. Overs Froonslüüd bi'n Inkopen, also in'n Supermarkt in de Tasch griepen oder so'n öllerhaftigen Keerl de Knipp ut de Büx trecken, un dat bi een Afstandsgplicht von een Meter fofftig, dat is ene Sook. Sick dor nich bi kriegen loten, een anner. Överall sünd ja Kameras. Un, is ja klor, Berti is ja bi de Gendarms nich ganz unbekannt. Dreeundhalv Johr hett he al seten. Wat de in de eersten dree Weken ovends an't Huus bringen dee, dat weer Kleihkroom. Doch denn keem em de Senoot to Hülp. Ja! Un twors mit de Maskenplicht in Öffis un bi't Inkopen. Wat hett Berti seggt: Vermummung up Krankenschien! De Eerste Börgermeister lett sien Lüüd nich hangen. Du büst dör disse Kameras nich mehr to kennen. Un de annern, de Lüüd mit de Handtaschen un Portemonnaies, de sünd dör de Masken sowat von aflenkt un lichtsinnig. Afstand adé. För Berti 1a Arbeitsbedingen! Dank den Hamborger Senoot. Dat güng bargup. Berti harr wedder sien Utkomen.

Tja, jede slechte Tiet hett ook wat Goods.

Echt wohr. Denn ick harr ja ook noch een ganz egen Problem. Dat is Almuth. Mien fröher Kollegin, mit de ick ja noch jümmers goot bekannt bün. *Goot bekannt* is nich dat rechte Woort. Ick besöök ehr, wenn mi de Sinn no ehr steiht – oder ehr de Sinn no mi steiht. Tja, sowat is nich so eenfach in Corona-Tieden. Mit so'n Maske in de Blaukareerten – besten Dank. Un ohn Maske? Ick segg blots: Tröpfcheninfektion.

Un batz hett dat dien ganze Familie. Ick wuss gor nich, wo ick ehr dat verkloren schull. Heff ick den Minschen froogt, mit den ick sowat ganz in'n Vertroon besnacken kann: mien Fro. Du segg mol, wo mookt ji dat, Heiner un du? Heiner? Mit den is dat doch al lang vörbi, wunk mien Fro af. Un nu…? Wolfgang. Du meenst Ulrike ehrn Keerl? Jo, siet acht Weken geiht dat al. Wat? Dat harrst mi doch seggen musst. Ick heff Wolfgang ja letzt in'n Bomarkt dropen. Ulrike hett em ook an't Tapzeern kregen, den armen Jung. Dorum weer de so kortaf. Hett sick schoomt, de arme Jung. Is woll dat eerste Mol, dat he frömdgeiht. Wo nüdelig. Overs is ja ook egool, ick wull ja blots weten, of ji jo nu noch dropen doot un wenn jo, of ji … In Corona-Tieden löppt nix, heff ick em glieks seggt. Ick hoop, du un Almuth hoolt dat just so. Klor doch. Dor löppt ook nix. Mien Fro weer tofreden. In use Öller, mien Söten, sä se, höört wi ja to de Risikogruppe. Ick heff mien Fro in'n Arm nohmen. Na, denn loot us dat man

wedder so hooln as in de olen Tieden. Du, just dat wull ick di ook al vörsloon.
Un so mookt wi dat.
Tja, as ick al sä, so'n Virus kann ook gode Sieden hebben.

*Schurrimurri**
(I.M. HDH)

Foken, wenn ick ünnerwegens bün,
an'n leevsten 's nachts mit'n Auto,
denn loot ick mien Gedanken eenfach
so lopen. Un denn mark ick,
wat för een Dör'nanner in mien Kopp is.
Wat för een herrlich Dör'nanner.
Wat för een grootoortig Chaos.
Wat för een wunnerbore Anarchie.
Eten, Drinken, Leven un Doot – allens up
eenmol.
Dat geiht so:

Eten kunn ick egens jümmers.
Anner Lüüd snackt ja lever von ehr niet
Auto.
Ick nich.
Lever von't Eten

* *zusammengescharrtes Zeug, Gesindel.*
(Hermann Böning: Plattdeutsches Wörterbuch
für das Oldenburger Land)

un von't Drinken.
Eten un drinken kunn ick ja alltiet.
As ick al sä.
Annerletzt heff ick een Film sehn,
Titel fallt mi nich mehr in,
dor wull de Fro Sekt drinken,
weer in't Fernsehn, gloov ick,
Sekt, annners nix as Sekt.
De Mann wull natürlich wat anners –
mit Sekt.
Ick heff mol een kennt, de weer „allgemein".
Denn kunnst du ja frogen,
wat du wullst,
sien Antwoort: Allgemein.
Na, Peter, heff höört, du geihst wedder no
School.
Ja.
Warst umschoolt?
Ja.
Un wat lehrt ji dor so?
Och, so allgemein.
Warst woll Ingenieur?
Weet ick noch nich.
Denn heffť ji doch seker ook Mathematik.

Klor.
Ook högere Mathematik?
Nee, mehr so allgemein.
Magst noch'n Beer?
Geern.
Annerswecke köönt ja mit Sprit överhoop
nich umgohn.
Gräsig sowat. Kriegt dat Blarren
oder ward vergrellt.
Möößt di wohren, dat du nich wecke an't
Muul kriggst.
Ick kann ja ook gegen Klock ölf 's obends
noch twee hete Bockwust eten.
Mit Semp natürlich. Wenn't geiht ook mit
Broot.
Mi mookt dat ja ook nix ut,
wenn Buurn no Kohschiet oder Silo müffeln
doot.
Buur Coors fröher. Stunk alltiet.
Höört dor so mit to as Parfüm
bi Sekretärinnen.
Knofflook mookt mi ja ook nix ut.
Gifft ja Lüüd, de findt dat ekelhaft.
Ick nich.

Keem ick letzt in een Büro un de junge Fro
foorts:
Koom mi man nich to neeg,
ick heff güstern Tsatsiki hadd.
Dat is noch nich wedder rut.
Ick finn Knofflook scharp, heff ick seggt.
Pfft, pass blots up.
Korl Hansen is ja nu ook dootbleven.
69 Johr. Kien Öller.
De kunn't ja nich aftöven,
dat sien Fro dootbleev.
Wenn he von de Arbeit keem,
weer sien eerste Froog:
Is se al doot?
12 Johr! Is se al doot?
Harr ja Krebs, de Fro, he nich.
Wat he egens hadd hett,
dat weet nüms.
Harr ja jümmers so'n Rieten in de Siet.
Wurd ja eerst up Gall behannelt,
denn up Lebber.
Overs de hett ja nich sopen.
Besopen weer de, wenn't hooch kümmt,
tweemol in't Johr.

Dor kriggst du doch kien Lebberkrebs von.
Overs dor kannst du all nix up an.
Gifft ook Lüüd,
de hefft in ehr Leven nich ene Zigarett
smöökt,
un de kriegt't an de Lung.
Oder Paulus Grote,
wenn ji den noch kennen doot,
de hett ja in sien Leven kien beten Sport
dreven –
un kriggt mit'n Meniskus.
Un mien Oma, de hett ja
johrenlang swore Melkemmers sleept,
bi Wind un Weer,
jümmers dör de Weiden stevelt,
mit so'n Sackschort vör,
un denn de sworen Melkemmers
bit boben vull.
Dree Keuh harrn de,
de harr nix, mien Oma,
kien Meniskus.
De wuss gor noch, wat dat weer.
Ward ja seggt,
du kriggst blots dat,

wat du ook kennen deist.
Un wiel Oma nix von Meniskus kennen dee,
hett se dat ook nich kregen.
Overs Paulus Grote,
de is ja so bang för Krankheiten,
kannst du du nich vörstellen.
De leest ja dorum ook disse Arztromanen.
Nu is he doot,
nich Paulus Grote,
de leevt ja noch,
nee, Korl Hansen,
weeßt doch:
Is se al doot?
Bi den gifft't ja nix to arven.
Harr sick de Verwandtschup al up spitzt.
Dat Huus,
dat wullen se all geern hebben.
Doch dat hett he ja sien Swägerin verarvt.
De hett em ja pleegt bit toletzt.
Paulus Grote hett ja socke Sorgen nich,
de hett ja kien Swägerin.
Sien Fro weer ja een Enzler.
Socke Minschen sünd nich eenfach.
Een Kind – Sorgenkind.

Jümmers untofreden socke Lüüd.
Gräsig.
Morgen kümmt Korl Hansen ünner de Eer.
De weer ja ook noch in de Kark.
Pastoren willt ook leven,
hett he seggt.
Un denn de schönen Utfohrten mit den Seniorenkreis.
Overs to arven is dor nix.
Dat Huus mol nich mitrekent,
dat kriggt ja sien Swägerin.
Mookt sien Neffen un Nichten een lange Nees.
Hefft ji egens Manfred Smoolhuus noch kennt?
Ick heff em kortens wedder dropen:
Nobel, der Herr! Nobel!
De mutt ja woll teihn Antöög hebben.
Arbeit bi so'n grode Versekerung.
In de School heff ick em allens vörseggen musst,
un wat is dat Resultaat?
Teihn Antöög.
Dat Leven is nich gerecht.

Sien Süster weer ja so'n Flotte.
De harr jümmers so lange Hoor,
overs de weer ook alltiet so'n beten smuddelig.
Dat gifft ja Deerns, de steiht dat.
Lange Hoor un smuddelig.
Korte Hoor un smuddelig geiht gor nich.
Dor weern se ja all achterher,
weet ick noch.
Nee, bi Korl Hansen is wohrhaftig nix to kriegen.
Manfred Smoolhuus sien Süster,
de smuddelige, de hett ja een Buur heiroot.
Achter Bremen.
Dat Schicksool kann hart ween.
De Öllern weern ja dorgegen.
Mien Deern kann nich melken,
hett Vadder Smoolhuus seggt,
overs se hett sick dörsett.
De langen Hoor hett se jümmers noch
un smuddelig is se ook noch.
Korl Hansen hett ja 's morgens doot in sien Bett legen.
Is so inslopen. Schönen Doot.

Is doch beter as Mathilde Kortlang.
De hett ja gegen Hansen wohnt.
De is ja dreemol verheiroot ween.
Sünd ehr all wegsturven, de Keerls.
Ook nich schön.
De letzte weer ja Jakob Kröger,
de kunn so schetterig lachen,
lachen Kröger, hefft wi jümmers seggt:
Hahahahah!
Hett em ook nich hulpen. Kreeg mit 53
een Slag – vörbi!
Stress! Dat Woort geev dat domols noch gor nich.
Kannst nich rinkieken in de Lüüd, segg ick jümmers.
Jakob hett ja ook jümmers de Schoolmesters so targt.
Use Engelschmester, de harr ja jümmers
so'n Thermosbuddel mit heten Tee
in sien Aktentasch.
De wecken hefft ja meent, dor weer Sluck in.
Jakob hett den Buddel mol ünnersöcht:
Tee, inwandfree.
Un dorum hett he em dor mol Rizinusöl

rindoon, vör een Klassenarnbeit von dee
Stunnen.
Dor hett overs een up‘n Proppen seten.
Sowat mookt ja vondogen ook nüms mehr.
De Schoolmesters hefft ja ook kien
Thermosbuddels mehr.
Overs bums weer he doot.
Nich de Schoolmester, Jakob Kröger.
Mathilde hett denn upgeven un leevt nu
alleen.
Ook nich so eenfach.
Overs, as ick al sä,
twee hete Bockwust mit Semp
kannst du mi ook ‘s ovends Klock ölf noch
vörsetten.
Un wenn‘t ween mutt,
denn putz ick de von Korl Hansen glieks mit
weg.
De ett ja kiene mehr.
De is ja al doot.